42

Lb ssi.

PRÉCIS

QUI S'EST PASSÉ

DANS

LE DÉPARTEMENT DE L'AUBE,

PENDANT

LA TENUE DE L'ASSEMBLÉE ÉLECTORALE.

Sı, dans l'existence politique des peuples, il est une époque où leur liberté doive être entière, c'est celle sur-tout où ils se rassemblent pour l'élection de leurs magistrats. La constitution française, qui a consacré ce principe pour la garantie de toute atteinte, lui a voulu donner une sauve-garde. Elle a créé, en conséquence, dans le corps législatif, une hérédité de surveillance qui lui fait un devoir de protéger et d'accueillir le suffrage libre et pur du citoyen; d'annuller et de rejeter les choix qui ne sont qu'un fruit de l'intrigue ou de la violence. C'est donc au corps légis-

latif, à ce juge constitutionnel, qu'en qualité de député nommé par une assemblée scissionnaire dù département de l'Aube, je dois
un compte des faits qui ont amené et **forcé**
cette scission : je vàis le rendre. Je ne veux
ni ménager, ni grossir la vérité. Je vais l'ex-
poser dans toute sa nudité, sans l'embellir,
parce que je ne veux pas séduire ; sans la
déguiser, parce que je ne veux pas tromper.

L'assemblée électorale du département de
l'Aube, à en juger par la moralité des membres qui la composaient, semblait, en grande
partie, digne de justifier sa mission ; et le
même esprit n'eût point manqué de diriger
ses opérations, si une poignée d'intrigans et
et de factieux, en semant d'abord sourde-
ment, bientôt après ouvertement, les soup-
çons et le trouble, n'eût réussi à rompre ce
salutaire accord qui unissait les citoyens bien
intentionnés. Ce choc inattendu, livré par les
ennemis de la loi à ceux qui ne voulaient
qu'être ses soutiens, étonna d'abord ces derniers, sans les abattre. Les moyens des factieux étaient la ruse, les suppositions, le
mensonge, la calomnie, l'avilissement des
autorités suprêmes, les menaces et la violence : les moyens des amis de la loi furent
la patience, les tentatives conciliatrices, le
respect aux principes, aux autorités, à la liberté individuelle des suffrages. Les factieux
se faisaient une arme de la ruse et des suppositions, en assurant, avec une coupable
affectation, que le directoire avait émis SON
VŒU PARTICULIER; et les objets de ce vœu (à

les entendre) étaient les citoyens SUTIL, SÉVESTRE et JAILLANT ou GOULY. Ils se faisaient une arme du mensonge, de la calomnie et de l'avilissement des premières autorités, en osant qualifier leurs orgies de repas donnés AU NOM DU DIRECTOIRE (1). Enfin ils employaient la menace et la violence, en supposant l'arrivée de 200 dragons disposés, disaient-ils, à forcer le suffrage des votans (2). Ils étaient sur-tout secondés par ce SUTIL déja nommé. Ce commissaire du pouvoir exécutif, abusant de l'influence de sa place, joignait aux menaces générales des factieux, ses menaces particulières. La peur et l'intérêt avaient grossi son parti; et les employés aux administrations, dans la crainte d'encourir leur destitution, en encourant sa disgrace, se rangeaient sous les étendarts du proconsul.

A ces menées, j'ai dit que les citoyens bien intentionnés avaient opposé la patience, le respect à la loi, aux autorités et à la liberté des suffrages. En effet, à la supposition calomnieuse d'un vœu particulier du gouvernement en faveur de SUTIL et autres, ils répondaient par la proclamation même du directoire; ils observaient que tout autre vœu étant contraire aux principes, le serait en même tems à cette proclamation, qui consacrait ces principes si hautement. Par respect pour la loi, ils observèrent que le citoyen SÉVESTRE (3), ex-accusateur-public et membre du bureau, ne pouvait être membre de l'assemblée électorale, puisqu'étant neveu d'une tante inscrite sur la liste générale des émigrés, et non rayée définitivement, il n'avait pu, aux termes de la loi du 19 fructidor, se présenter à son assemblée primaire. (C'est cette transgression de la loi sur-tout qui a décidé la scission.) Enfin, les citoyens bien intentionnés voulurent tellement respecter la liberté individuelle des suffrages, que, constitués en assemblée, ils s'interdirent toute espèce de prononcé sur *les scissionnaires des assemblées primaires*, laissant ce soin au corps législatif, seul juge de ces débats. (4)

Tant qu'une lueur d'espoir a pu flatter les bons citoyens, ils se sont fait un devoir de l'union; mais tous les moyens de conciliation, de réclamation contre la violation de la loi, une fois épuisés, la liberté des suffrages ou compromise ou forcée, la contre-révolution isolément proclamée par les anarchistes, la patrie enfin mise en danger par le choix de l'intrigue ou de la violence; ils ont dû, par amour de leur pays et de l'honneur, *prendre enfin un parti*, et pressés par le besoin de se séparer d'une agrégation coupable (5), ils se sont retirés, le 24, de l'assemblée générale, et se sont de suite constitués *en assemblée électorale scissionnaire*, dans un local qui leur a été désigné par l'administration centrale du département.

C'est au nombre de 94 que ces derniers, délivrés enfin des ruses de l'intrigue et des hurlemens de la fureur (6), ont pu remplir avec calme et dignité la mission qui leur était confiée, et qu'ils ont pu faire des choix libres et dictés par l'amour seul du bien général.

Les représentans élus dans l'assemblée scissionnaire sont les citoyens Courtois, Ludot (7) et Bonnemain, le premier au conseil des anciens, les deux autres au conseil des cinq-cents (8).

Parmi les représentans nommés par la première assemblée, se trouve *Sutil*, déja désigné par les factieux *comme l'élu du directoire*. On n'a adroitement adjoint Jean-Debry, puis Sieyes et Ludot à sa nomination, que pour lui imprimer, peut-être, plus de valeur ou une apparence d'impartialité et de justice. Cette ruse s'est pratiquée dans tant de départemens, qu'elle n'a pas besoin de commentaire.

Dans l'assemblée scissionnaire, au contraire, les choix non prévus, non préparés, s'y sont faits de bonne foi. L'élection de Ludot, déja nommé par la première assemblée, en est un témoignage irrécusable.

Ainsi, d'un côté, l'intrigue, les séductions, la violence, ont forcé les élections ; de l'autre, l'esprit de modération, de sagesse, et l'amour du bien public les ont dictées.

Cet exposé, qui est celui de la vérité, déterminera, sans peine, le corps législatif à faire justice des unes et droit aux autres.

Il est quelques observations que je crois utiles, et je les fais plus en qualité de citoyen de mon département, qu'en celle de député nommé par lui. Je veux parler de cet esprit d'éternelle réaction que toute la vigilance du gouvernement n'a pu réussir encore à étouffer. Cette espèce de monstre à deux têtes, qui, se repliant adroitement, modelle ses formes sur celles des circonstances, les épie pour en profiter, et tantôt, sous les livrées du royalisme, tantôt sous celles de l'anarchie, semble renaître de ses cendres.

La révolution de fructidor a frappé quelques amis de la royauté. Aussi-tôt les survivans de Babœuf et de Robespierre, qu'on croyait morts (9), se sont levés, et s'appropriant les avantages de cette journée, ont voulu se les distribuer comme un butin. Et comme s'il était décidé que le gouvernement ne dût être occupé qu'à réprimer des excès, de l'excès de relâchement ou de molesse où, avant fructidor, était tombé le corps social, ils l'ont poussé à cet excès d'exagération non moins à craindre, non moins mortel, et dont le gouvernement, par la sage proclamation du 9 germinal, a voulu prévenir les suites. C'est ce vertige révolutionnaire qui vient de causer des déchiremens dans plusieurs assemblées électorales de la république. C'est lui qui a semé et sème les troubles dans les départemens. C'est lui qui, dans le département de l'Aube sur-tout, a glacé de terreur les administrés (10): quelques petits tyrans, sous le nom de commissaires du pouvoir exécutif, ont déja fait des *dispositions préliminaires* pour ramener, sous d'autres noms, le règne de la terreur. Plus occupés de leur domination personnelle, que du noble mandat dont ils sont chargés, DE FAIRE EXÉCUTER LA LOI, ils se servent de cette loi , comme d'une arme, pour frapper leurs ennemis , c'est-à-dire, les amis de la constitution et du gouvernement. Le commissaire du pouvoir exécutif près l'administration centrale , est le tyran en chef de ces contrées ; il s'est fait un parti de tous les anciens lieutenans du terrorisme ; et cette faction oppressive consterne et menace des plus grands malheurs un pays, qui, pour chérir la loi et le gouvernement, n'a besoin que d'organes plus dignes de proclamer l'une, et de représenter l'autre. Encore quelques jours de règne de ces désorganisateurs , et les maux seront peut-être sans remède. J'ai dû finir mon exposé par ces observations , bien sûr qu'elles toucheront le corps législatif et le directoire , et qu'ils s'empresseront de ranimer l'espoir dans l'ame des bons citoyens de mon département, en le délivrant de ses oppresseurs.

C o u r t o i s, ex-député.

Nota. Si je n'avais pas craint d'abuser des momens du corps législatif, j'aurais donné plus de développement à ce précis. Je l'aurais alimenté de faits qui n'auraient laissé aucun doute, et sur la vénalité, et sur la bassesse d'ame , et sur la tyrannie de certains personnages qui ne jouiront pas long-tems de l'impunité dont ils se flattent. C'est dans l'obscurité , et avec l'arme de la calomnie qu'ils m'attaquent ; moi, je les combattrai face à face avec celles de la vérité ; j'écrirai mon nom sur toutes les flèches que je leur lancerai.

4

NOTES.

N°. 1.

Des dîners de cent couverts se donnèrent au nom du directoire. Le commissaire Sutil affecta de faire répandre, pour obtenir plus de crédit sans doute, qu'il avait reçu des ordres en conséquence. Je fus sur le point d'exhaler mon indignation dans un placard, et de faire ainsi justice de tous les avilisseurs à gage des premières autorités de la république.

La lettre suivante, que le hasard a mise dans mes mains, me dispensera d'un plus long commentaire sur ces intrigues dégoûtantes, dont tous les fils se rattachent au commissaire.

Troyes, ce 16 Germinal an 6.

Citoyen ami,

J'ai vu, ainsi que nous en sommes convenus, le citoyen *Sutil* avec qui j'ai eu un *bien long et amical entretien*, tant sur les opérations de l'assemblée primaire de notre canton, que sur *les nominations à faire par le corps électoral*, et sur les citoyens Mauperrin et Thiébault. Ce dernier a vraiement reçu sa commission de commissaire du directoire exécutif. Je ne vous donnerai pas un détail bien circonstancié de tout ce que nous avons dit. Cela me conduirait trop loin. Je me bornerai à vous dire que j'ai travaillé pour le mieux dans tout ce qui peut avoir du rapport à vos intérêts. J'ai remarqué *qu'il vous servirait*, et il m'a promis de le faire le jour même que je l'ai vu. Il y avait quelques jours qu'il avait reçu du directoire une demande des juges en remplacement à sa nomination. Il en a rendu compte, et *vous a désigné pour en être un*. Dans le cas où notre projet manquerait, il a paru goûter, avec plaisir, l'offre que je lui ai faite, de *nous réunir à son parti, pour le porter au corps législatif; et il m'a dit nettement qu'il souffrirait cette douce violence, si c'étaient nos intentions.*

J'ai cherché à l'en assurer autant que j'ai pu. Après bien des pourparlers, tels que nous en eussions faits ensemble, j'ai remarqué que je ne lui déplaisais pas, et mes offres encore moins. Je lui ai annoncé que vous feriez en sorte d'apporter avec vous *quelques plats de poisson.* Faites en sorte de vous en procurer, tant sur la rivière de Motté que celle d'Arsonval. Vous feriez bien de prendre, pour en pêcher, le citoyen Courtiliez, dit la Breuchotte; il connaît les bons endroits, et vous êtes sûr de réussir.

Adieu, *croyez que tout ira bien.*

Votre ami de cœur.

Signé PAILLOT.

J'ai écrit à ma femme les circonstances qui m'ont déterminé à ne pas m'en retourner chez moi. Voyez-la avant votre départ, pour qu'elle mette dans votre voiture de quoi faire une toilette complette, sur-tout deux chemises, deux paires de bas de soie, deux cravattes propres, etc. Le tout est désigné dans une lettre que doit lui avoir remise, de ma part, le citoyen *Lauroy.*

J'ai été tellement obsédé en écrivant ma lettre, que je ne sais pas trop ce que j'ai écrit. Encore un fois, *tout ira bien.*

L'adresse est :

Au citoyen Paillot, propriétaire à Monthiers en l'île, près Bar-sur-Aube. Sur le côté opposé, on lit : Pour remettre au citoyen Vouillemont, juge-de-paix à Arsonval.

Bon pour le citoyen Vouillemont.

Il résulte de cette lettre, 1º. que le commissaire Sutil s'occupait, avant les élections, d'indiquer aux membres de l'assemblée les choix qu'elle avait à faire ; 2º. qu'il abusait de son crédit auprès du directoire pour capter des suffrages, en promettant des places qui étaient à la disposition du directoire, telles que les places de juge vacantes ; 3º. qu'il était public qu'il avait un parti pour se faire nommer au corps législatif, et qu'il recevait d'avance des souscriptions et promesses de s'y réunir ; 4°. enfin qu'il se faisait fournir abondamment de poisson pour les repas qu'il a donnés depuis aux gens de son parti.

N°. 2.

Des agens du parti, bien actifs, tels qu'il les faut, en un mot, pour *arriver*, firent même des tentatives pour soulever des ouvriers destinés à dissoudre notre assemblée. De bons citoyens, prévenus à tems, en empêchèrent l'effet par la sagesse de leurs représentations. L'humanité serait trop à plaindre, si les plans de la démagogie étaient aussi-tôt exécutés que conçus.

N°. 3.

L'ordre des faits est interverti dans le procès-verbal de la majorité, en ce qu'on y a placé l'expulsion du citoyen Sevestre, *avant que les membres scissionnaires fussent sortis de l'assemblée*, tandis qu'il est notoire qu'elle n'a eu lieu qu'environ une heure après, sur la déclaration courageuse que fit le président de quitter le fauteuil, si l'on persistait à violer la loi en laissant plus long-tems le citoyen Sévestre exercer les fonctions de secrétaire.

Il ne sera pas inutile de relater ici les motifs de la scission, tels qu'ils sont insérés au procès-verbal de l'assemblée scissionnaire.

1°. L'assemblée électorale a été constamment et jusqu'à ce jour, tyrannisée par les manœuvres d'un parti qui a cherché à la dominer et à s'emparer de ses opérations qu'il préparait à l'avance dans des rassemblemens scandaleux.

2°. L'ordre et le calme nécessaires aux opérations d'une assemblée électorale, y ont été perpétuellement troublés par les clameurs de ce parti dominateur, qui n'a cessé d'interrompre ses opérations par des signes d'approbation et d'improbation défendus par la loi, au mépris de toutes les invitations et représentations du président, qui a été lui-même apostrophé d'une manière indécente.

3°. On lui a arraché, à l'aide de ces moyens, des arrêtés contraires aux lois et subversifs des principes du gouvernement représentatif, en admettant dans le sein de l'assemblée électorale, des citoyens nommés par une faible minorité, et en rejetant ceux appelés aux fonctions d'électeurs, par le vœu de la majorité qui avait opéré légalement, d'après le rapport des commissaires chargés de la vérification des pouvoirs, tels que ceux des cantons de Pont-sur-Seine et de Rigny-le-Féron, quoi qu'il y ait eu deux épreuves douteuses, par assis et levé, et que plusieurs membres se fussent présentés au bureau, à l'effet de se faire inscrire pour demander un appel nominal, qui leur a été refusé ainsi que l'inscription.

4°. Elle a également violé la loi, en admettant pour électeurs les citoyens nommés par l'assemblée primaire du canton d'Isle-Aumont, dont le procès-verbal constate, 1°. que cette assemblée avait admis tous les citoyens qui la composaient, *à écrire et à faire écrire leurs scrutins hors du lieu de la séance et par telle personne qu'ils jugeraient à propos* ; 2°. que sur un nombre de 172 votans, dont elle était composée, il y a eu des élections faites à la pluralité de 228 voix.

5°. Enfin elle s'est montrée en opposition formelle avec les lois du 3 brumaire an 4, et 19 fructidor an 5, en refusant sur la demande plusieurs fois réitérée et appuyée, d'exclure du bureau et de l'assemblée, le citoyen Sévestre de Troyes, quoi qu'il fût, de son aveu, parent au degré de neveu de la citoyenne Sévestre, veuve Maillard, de Chaumont, département de la Haute-Marne, qui était inscrite sur la liste générale des émigrés, à l'époque de sa nomination à la place d'électeur, et qu'il n'eût pas même alors le droit d'aller voter dans les assemblées primaires.

Observation relative au procès-verbal de la majorité.

Aux termes de l'instruction, qui fait loi, l'assemblée de l'évêché devait se dissoudre aussitôt après la consommation de ses élections; et cependant il est de fait qu'elle s'est ajournée au lendemain pour la lecture de son procès-verbal, qui devait être rédigé dans la même séance. On a des preuves que plusieurs membres se sont retirés dans une des salles du département, pour y réviser ou corriger le procès-verbal *en entier*. Avaient-ils ce droit? Il me semble qu'un procès-verbal rédigé et approuvé par une assemblée ne peut plus être corrigé.

N°. 4.

L'examen des procès-verbaux des assemblées primaires, s'est fait dans quelques bureaux avec un scandale révoltant: on a vu le citoyen Dorgemont, notaire à Troyes, et gendre du citoyen Sutil, s'y présenter, accompagné de quelques affidés; on a entendu ces citoyens dire à plusieurs commissaires *qu'il n'y avait rien à examiner relativement aux scissions de Pont-sur-Seine, Rigny-le-Féron, Chaource, St.-Lié, etc., que les scissionnaires étant des patriotes, cela suffisait.* Sur la réponse de ces commissaires que leurs rapports devaient être calqués sur les faits et les principes, on leur répliqua *que cela ne signifiait rien, que la minorité avait fondé la république, et que c'était la minorité qui la sauverait:* ils conseillèrent ensuite hautement aux autres membres des commissions de ne pas se ranger de l'avis de ceux qui parlaient *de principes.* Envain les invita-t-on à laisser les commissaires s'occuper paisiblement de leur travail; ils s'obstinèrent à rester et à troubler ces opérations, qui ne purent se terminer que dans le désordre et la confusion. Je crois, en vérité, qu'il est des fonctionnaires publics qui se croiraient déshonorés, si par esprit de parti, ou par tel autre motif que ce soit, ils ne venaient à bout de paralyser l'effet des plus sages dispositions d'une loi, qu'ils traitent à-peu-près comme font les médecins qui usent le moins possible des remèdes qu'ils indiquent aux autres.

(13)

N°. 5.

Ces expressions ne peuvent regarder que les do-
minateurs en chef de cette assemblée, et ceux qui
se rangèrent sous leur bannière.

N°. 6.

Nous comptâmes, le soir, de notre réunion plus de
cent-dix membres ; mais les menaces de voir bientôt
son nom inscrit sur *une liste de proscription*, mais
les intrigues du nommé *Teinturier*, qui ne cessait pas
de roder autour de notre local, diminuèrent le nombre des électeurs, et le réduisirent à 94. Ce Teinturier était aussi l'Amphitrion du parti : on croit,
qu'avec un peu plus d'ambition personnelle, il eût
pu balancer le commissaire lui-même. Dans l'ivresse
de ses succès, on l'a vu danser avec un groupe d'in-
dividus de sa trempe, autour de l'arbre de la liberté,
on l'a entendu chanter la Marseillaise, et mêler à
ses refrains les noms de quelques-uns d'entre nous,
ce qui parut très-réjouissant aux vrais amis de la
liberté.

D'autres électeurs, aussi pénétrés de la dignité de
leurs fonctions, en rentrant dans leurs foyers au bruit
d'une salve d'artillerie de commande, hurlaient ces
phrases harmonieuses : « à bas *l'assemblée de Saint-*
» *Jean, à bas Courtois, vive l'assemblée de l'Evêché !*
et LES PATRIOTES DE 93 ». Si c'était une victoire
qu'ils célébraient, il faut convenir qu'ils la couron-
naient par un TE DEUM, qui n'est pas du goût de
tous les républicains.

N°. 7.

Le citoyen Ludot n'était pas encore converti au
système *d'admission de la majorité*, quand il écri-
vait au citoyen Feugez, son ami, électeur scissionnaire, « opérez votre scission avec ordre, en vous
» conformant exactement à la loi ; ne fussiez-vous
» que vingt, je réponds de faire approuver vos élec-
» tions ».

Le citoyen Sutil comptait aussi, très-peu lui-même, sur les succès de la majorité. Dans un voyage qu'il fit à Bar-sur-Aube, il y a environ trois mois, après avoir mandé les membres de l'ancien comité révolutionnaire, et leur avoir indiqué les plans à suivre pour se rendre maîtres des élections, il leur conseilla de faire scission, *s'ils ne pouvaient pas faire autrement*, en les assurant, *qu'il ferait adopter leurs choix en quelque minorité qu'ils votassent.* C'est dans cette réunion qu'on disposa arbitrairement des places. Un membre de cette assemblée refuse-t-il de donner son assentiment à ces honteuses manœuvres ? on le chasse, en lui prodiguant les épithètes les plus odieuses, et en lui disant, qu'il n'était pas digne *de porter le nom de républicain.* Cette intrigue n'est pas la seule de ce genre qui ait été pratiquée dans le département de l'Aube, des mémoires que j'ai sous les yeux en fourniraient bien d'autres preuves.

Je serais trop payé de la peine que je prends à dévoiler le citoyen Sutil, s'il pouvait se convaincre par lui-même : que, les dangers les plus grands, pour nos projets, viennent toujours d'un excès de prévoyance.

N°. 8.

Si l'on en croit le citoyen Sutil et le cri de ses dignes amis, c'est une assemblée de royalistes qui a fait ces choix. Si cette nomination est l'ouvrage du *royalisme*, il faut convenir qu'il a bien profité des leçons que lui ont données les républicains. Moi, élu par des royalistes ! le trait est un peu fort, il faut assurément que la tête de ce Sutil soit l'assemblage de tous les contradictoires ; mais de quoi n'est-on pas capable, quand le besoin du dénigrement s'unit à l'ambition la plus effrénée ?

N°. 9.

Un ex-député, à la veille du 9 thermidor, voyait avec un peu plus que de l'indifférence, l'oppression péser sur ses collègues. L'éternel sujet de ses conversations roulait sur des bons dîners qu'il faisait à la table de Robespierre, dont il vantait les mesures énergiques, contre ce qu'il appellait *les modérés de la convention*. Robespierre tombe, mon homme alors crie plus fort qu'un autre contre le despotisme. On lui reproche ses liaisons avec le tyran, il en est quitte pour dire *qu'il s'est trompé*. Aujourd'hui redevenu patriote *enragé, il s'oppose à la réélection des conventionnels : ils sont usés, ils veulent se perpétuer*, tels sont ses expressions; il pousse l'abnégation de lui-même jusqu'à *se désintéresser*. Ah ! mon ancien collègue, ce désintéressement vous est bien permis, c'est assurément tout ce que valent vos travaux au corps légis-latif.

N°. 10.

Le citoyen Sutil oubliera difficilement que la commune de Troyes ne l'a pas choisi pour un de ses électeurs.

On ne corrige point l'orgueil qu'on humilie.

Continuez, citoyen Sutil, continuez à bien tenir vos concitoyens dans l'oppression. Que les plus légères crises du corps social prennent à vos yeux, pour vous rendre de plus en plus nécessaire, un caractère de gravité, tel que le directoire trompé par vous, se pénètre davantage de l'importance de votre ministère. Continuez, si vous l'osez, mais prenez garde aussi que la puissance qui vous a élevé et qui vous surveille, ne vous fasse payer bientôt l'abus que vous aurez fait de votre autorité.

Je suis menacé, m'a-t-on dit, d'une foudroyante diatribe ; je l'attends, ou pour y répondre, ou pour la payer du plus profond mépris ; elle ne peut que mettre le sceau aux mille et une calomnies dont vous n'avez cessé de me couvrir depuis près d'un an. Les mêmes raisons que vous aviez à cette époque, vous les avez encore aujourd'hui; on ne vous accusera pas, du moins, cette fois, de publier le manifeste avant la rupture ouverte.

De l'Imprimerie d'Ant. BAILLEUL, rue Grange-Batelière, N°. 5.